Anevang und Erbengewere.

Festschrift

im Namen und Auftrag der Breslauer Juristenfacultät

verfasst

von

J. Fr. Behrend.

Berlin.
Verlag von J. Guttentag (D. Collin).
1885.

Herrn Geheimen Justiz-Rath Professor Dr.

Karl Georg Christof Beseler

zur

Feier seines fünfzigjährigen Doctorjubiläums

überreicht

am

6. Januar 1885.

Hochgeehrter Herr Geheimrath!

Empfangen Sie an Ihrem heutigen Jubelfeste den Ausdruck auch unserer warmen und dankbaren Verehrung. Wir alle — mögen wir das Glück gehabt haben, Ihnen persönlich nahe zu treten, oder nur der Früchte Ihres Wirkens uns erfreuen — feiern in Ihnen einen der hervorragendsten Führer auf dem Gebiete der deutschen Rechtswissenschaft. Frühzeitig aus innigster Neigung dem vaterländischen Rechte zugewendet, haben Sie dessen tiefere Erkenntniss und richtigere Würdigung durch umfassende und bahnbrechende schriftstellerische Werke wie durch den Einfluss Ihres Wortes und Beispieles auf die sich heranbildende Jugend in reichstem Masse gefördert. Stets bemüht, den Zusammenhang der geschichtlichen Entwickelung in sorgfältiger Untersuchung nachzuweisen, haben Sie doch dem Recht und den Bedürfnissen der Gegenwart niemals die volle Anerkennung und Berücksichtigung versagt.

Und dieselben Zielpunkte, welche für Ihre wissenschaftliche Arbeit bestimmend waren, haben auch Ihrer Thätigkeit im öffentlichen Leben die beständige Richtung gegeben: für die Einheit, Grösse und Freiheit der deutschen Nation, für die besonnene Anknüpfung an das historisch Gewordene wie für die volksthümliche Fortbildung des Rechtes haben Sie unentwegt, mit festem Mannesmuthe, gewirkt und gekämpft.

Ihnen ist in seltenem Masse die Freude geworden, die Erfüllung der Ihnen theuersten Bestrebungen zu schauen. Von Herzen wünschen wir Ihnen auch für die Zukunft ein glückliches Leben und eine gesegnete Wirksamkeit.

Die juristische Fakultät der Universität Breslau.

Schwanert, d. Z. Decan. **Huschke. Gitzler. Seuffert. Behrend.**
Brie. Freiherr von Stengel. Wlassak.

I.

Brunner hat in der Anzeige der oude vaderlandsche rechtsbronnen (Zeitschrift der Savigny-Stiftung, Germanistische Abtheilung, Band IV, S. 236 f.) auf eine Stelle in den von J. A. Fruin herausgegebenen keuren, costumen en vonnissen der Baillischaft von Südholland hingewiesen, die namentlich deswegen bedeutsam sei, weil sie den bekannten Ausdruck aenfang, der sonst nur für die Verfolgung der Fahrhabe verwendet werde, auf Liegenschaften ausdehne. Die Stelle steht indess nicht vereinzelt da, weder was die gedachte Verwendung des Wortes anevang noch was ihren Inhalt angeht. Ich lasse hier zunächst die von Brunner bezeichnete Stelle folgen und reihe ihr an, was mir von verwandten Quellenaussprüchen bekannt ist, in der Ueberzeugung, dass bei genauerer Nachforschung noch eine grössere Zahl ähnlicher Belege ausfindig zu machen sein würde.

a) Oudste rechten van Zuidholland 54. 2 (Werken der vereeniging tot uitgave der rechtsbronnen van het oude vaderlandsche recht I. 4 p. 259 v.).

Van aenvanghen van erven. Item alle aenvangen van erven sullen gedaen worden binnen den reep van Zuidthollant, elck in synen ambocht, met schout ende ten minsten met vier heemraderen off meer, ende die opt hooft van den erve brengen dat hy aenvangen wil ende slaen sijn handt daer met recht aen, ende dat opten vierschaerdach, daervan die schout hebben sal metten heemraders thien schellingen, die twee delen voer den schout ende tdordendeel die heemraet. Ende soe wanneer den aenvanck geschiet es, soe sal een yegelick ten gelijcken cost daertegens moegen aenvangen dyen dat belieft, op zijn ban ende op zijn bruecken, binnen XIIII dagen nadat hem een kennelicke wete is gedaen, dan tot sulcker vougen van weeten als in den voerscr. artyckel van weeten te doen verclaert staet. Ende alsoe haest alst vanck tegens vanck es van erffsaecken, soe voersz. es, soe schal die schout partyen dach setten voer syne vierschaer binnen bans dart gebuert te recht te comen ten rechtdage daeraen eerstcomende. Ende daer sal den eersten aenvanger weesen den eersten aenlegger der saecken ende den lesten aenvanger verweerder. Ende sal ten selven daghe elck sijn getuygen moegen leyden ende opten XIV^{en} dach daernae, daervan die heemraders haer genachten[1]) sullen moegen dragen. Ende so wye dan in den onrechten bevonden worde ende daerin beweesen, die sal in allen die oncosten gehouden weesen om te betalen ende gebruect te hebben thien pondt. Des soe sal die baeliuw van Zuydthollant, in die plaetse van de coninclijcke Majesteyt, daervan hebben ses ponden, den ambochtsheer off den gewaerden rechter vier pondt naer uuytwysen der handtvesten, van welcken voirsz. vier pondt den ambochtsheer synen gesworen bode geven sal ofte moet een pondt, dair te weten dat thiende pondt ende daervoer moet die dat uuytrechten. Ende soe wye in dyer manieren in eenigen

[1]) Die Heimbürgen können die Urtheilsfindung zweimal von 14 zu 14 Tagen vertagen. Dies heisst „haer genachten dragen“, vgl. a. a. O. p. 257.

erve compt ende dat toe wordt geweesen in te berusten nu ende te ewigen dagen, dat sal hy besegelt neemen met heemraders brieven. Indyen dat partyen binnen middelre tyden overdroegen, soe sullen sy dy voersz. brieven schuldich weesen te betalen halff ende halff, off soe sy dat met malcanderen in der saecken overdragen sullen ende bespreecken.

b) Rechtshandelingen te Dordrecht (Auszüge aus den Aktenbüchern) No. 193 (a. a. O. p. 154) A°. 1464. Int jair voirsz., ses dage in Martio quam Jan Gerij'ts soen uuten Hage voir scepenen Airnt van Loen ende Bertout Loenissoen ende dede aldair enen anvang, van Ijsbrant unten Hage sijns broeders wegen van eender hofstede ende huys ende dat dede hy mit eenen scepenenbrief van vier Borgonsche scilden tsjairs opten huys ende erve voirsz. spreckende, die aldair voir scepenen gelezen was.

c) Ebendaselbst p. 88. A°. 1441. Int jair XLI, X daghe in Januario quam Volcwijff Alairt, Pieter Florisz wedue voir scepenen in der cameren, ende gaff over mit enen gekoren voecht ende verwilkoerde op alle hare goede, dat sy niet mannen en sall, buten wille Florijs inde Pieters hoir sonen, mit vorwaerden, waert zake dat sy mande ... buten wille hoerre sonen voirsz., dat dan Floris ende Pieter hoir sonen voirn. rechtevoirt sullen mogen aenvaen alle hoerre moeder voirsz. goede, roerende ende onroerende ende die gebruken ende besigen[2]) tot horen oirbair[3]) sonder yemants wederseggen.

---

[2]) bezigen, gebrauchen.

[3]) Nutzung, Nutzen.

d) Leidsche Rechtsbronnen uitg. door J. P. Block. 'sGravenh. 1884 (Oude rechtsbr. I. 6) Kenningboek A. 17 (p. 101). Van den aenvanc twisken Ijsbrant van der Laen ende jonge Willem Martijnsz. Der Inhalt des Erkenntnisses ist unverständlich, weil die Parteierklärungen (die dingtalen) fehlen. Sicher ist nur, dass es sich um Grund und Boden handelt.

e) Ebendas. Kenningboek B. 157 (p. 184): ..... wantet een recht is te lande ende in die stede, dat een ygelick die, in den boël besterft, eerst schiftinge ende scheydinge nemen sel of borge setten sal, alle wittachtige sculden te betalen, eer hy enige goeden aenvairden sel mit recht of sonder recht .... wantet een out recht is al Hollant over, dat man den boel scheyden sal dair die dode die duyr geruymt heeft.

f) Ebendas. Kenningboek C. 253. 2 (p. 224) .... ende seggen dat Gerijt na de kuer enen onrechten aenvanck gedaen heeft .... alszo die voirsz. huysinge ende erve vercooft heeft geweest boven tderdendeel van hondert jaren, darumme seggen L. ende K. dattet bescripsie[4]) is .... Erkenntniss dat Gerijt nae untwysinge der kuer enen onrechten aenvanck gedaen heeft.

g) Ebendas. 258 (p. 226) .... ende alsoe varinck als joncfr. M. voirsz. die aanvanck medegegaen is, so is sy mit hoirs voichts hant ende mit 2 scepenen ... gecomen ten huyse van Willem van der Doos ende begeerde in tegennordicheyt van den scepenen voirsz. hoeren brieff van hilicxe voirwairde van Willem horen broeder voirn. te hebben. Der Angesprochene behauptet, dass

[4]) d. i. praescriptio.

er den Brief bereits zurückgegeben habe. Er soll die Rückgabe beweisen mit scepenen of mit scepenenbrieve . . . alst hem noit is.

h) Ebendas. Kenningboek G. 421 (p. 309 f.) Kläger: dat hy als voit van Alijt (Ehefrau des Klägers, früher Wittwe des Erblassers) . . . hem met vollen rechte ende wijsdom van scepenen heeft laten inleden ende eenen rechten aenvanck gedaen heeft an alsulcke erfnisse . . . Antwort: dat G. (Kläger) zijn hant mit groten onrecht geslagen heeft an een vol derdendeel van een huys ende erve . . . (die Ausführung interessirt hier nicht). Erkenntniss: dass Kläger mit onrecht den anvanck gedaen heeft, weil über ein Jahr und sechs Wochen seit Ableben des Erblassers verflossen sind, zoe die voirsz. boel verjaert ende verdacht is.

i) Naumburger Weichbild C. 66 (Mühler S. 56). Von geweldegunge eigens. Swen ein kumt vor gerichte unde betet den schultheizen das he in wolle geweldige sines eigenes, is he in der were nicht bestorben, so in sal he iz in zu rechte nicht geweldigen, ap ienc da kegenwerdik is, der iz in siner were hat, unde wil ime antwerden al des rechtes, das di schepfen bewisen das recht si, he in grife iz ane also recht si.

k) Ebendas. C. 67 (a. a. O. S. 56 f.): Wi man erbe ansprechе sal. Swa ein vrowe ein erbe ansprechen wil binnen wichbilde, die sal come zu echteme dinge unde sal mit orteilen vrage, wenne si ein erbe anspreche wil, das ir an irstorben si, ab si zu rechte icht einen vormunden kisen sulle. Svenne ir das zu rechte vunden wirt, so sal si kisen iren werlichen heren eder iren einen nesten swertmac, ab sie nichein in hat. Swenne ir daz gegebin wirt mit orteilen, so vrage he mit orteilen, wi he di vormundeschaf untfa sulle, also iz ime helfene si zu sime rechte. So vindet man ime zu rechte: mit vingere und mit zungen. So vrage he mit orteilen, ap he di vormuntschaf also untfangen habe also iz ime helpende si zu sime rechte. Svenne ime das gevunden wirt, so vrage he mit orteilen, wi he daz erbe anegrife sulle alzo iz ime helpende si zu sime rechte. So vindet man ime zu rechte he sulle das erbe angrifen obene bi deme thores oberthore. Svenne ime das gevunden wirt, so vrage he mit orteilen, ap der richter eder die schepfen zu rechte icht mittege sulle, das sie daz sen und horen das he daz erbe anegrife, also ime mit orteilen da gedinget iz. Svenne ime das gevunden wirt, so grife he das erbe ane und spreche also: daz erbe grife ich ane zu einen male, zu dem anderen male, zu dem dritten male, an rechter vormuntschaf mines mundelines, also alse in hir mit orteilen vunden is, unde setze des den richter unde die schepfen zu zuge. Unde kundige danne imme alzo getane sache, dar imme he daz erbe angegriffen hat und wolle daz behalde eder laze also recht is. Und vrage in eime orteile zu vorsuchene, wie he das behalden zulle unde ap man in der gewere mit rechte icht geweldige sulle. So vindet man ime zu rechte, man sulle in geweldige, ab di gewere nimant untredet. Untredet iz aber imant, der in der gewere gesezen is mit rechten ordeilen, iene der muz di vorderunge laze, beide mit buzen und mit gewette, he in behalde si denne, also recht is.

1) Urkunde bei Dreyhaupt 2. 481. 14. Jahrh. (Hier nach Sandhaas german. Abh. S. 119.) Katherine

Bockes husvrowe quam in geheget ding und liet er ein ordeil finden, si were ein erve angestorven, wu se sik des underwinden scolde, dat si recht dede? Do ward er gevunden: si scoldet angripen boven an dem dorstell unde neden an der svellen, dat het si gedaen.

m) Magdeb. Schöffenspruch von 1444 (Neumann Magdeb. Weisth. S. 18 f.). Eine Frau klagt wegen eines von ihrem Vater auf sie vererbten Gutes, das also hoch antraff als umb anderthalb hundert marg groschin. Das sie anfacht also hoch, von krigen und finden, das sie leider vorterbit wart und ander luthe mer von den finden, das sie nichte kunde das gut gefertigin, als sie gerne getan hatte. Das Gut sei eine Weile liegen geblieben, demnächst habe der Erbherr dasselbe ohne ihre Zustimmung verkauft. Desselben dangkte die frawe irem hern, das her sie doch davon nichte werffin wolde und das getan hat. Das her ouch das gut nye an syne hant brocht hat, als her von rechte sulde, das ouch ny uffgebotin hat in erbgerichte, ap ymandis an die besserunge tretin wulde. Sie nimmt deshalb das Gut vom Käufer in Anspruch. Letzterer behauptet, der Erbherr habe dasselbe mit Einwilligung der Frau verkauft. Daselbe gut hat her (der Beklagte) nu gekoufft und hat des mit ir usz und eingegangin zu wegin und zu stegin und sie ouch wol mundig gewest is und ouch eynlendisch. Das sye ouch das gut nye geanefanget noch angesprochen hat an sulchen steten, do das crafft und macht hette.

n) Rechtsbuch nach Distinct. I. 46. 1. Waz einer vorkouft oder vorseczt von varenden gute, van erbegute adder van lengute, wert daz angefanget adder angesprochen, wer daz had vorkouft adder vorsaczt, adder had daz gelobet zcu entweren, der sol das von rechte thun und vorantworden.

o) Gosl. Statuten (Göschen S. 100 Z. 9—11): We senne weren an ervegude bringhet vor gherichte, dat under eme gheanevanghet is, de is des ledich unde los, it ne were dat he silve der dat an rade oder an dade sculdich were.

II.

Von den hier mitgetheilten Stellen brauchen sieben (a, b, c, d, f, h, m) die Ausdrücke anevang oder anevangen in unzweifelhafter Beziehung auf Immobilien. Nicht so sicher ist diese Beziehung in zwei anderen Stellen (g und n). Die erste ist wegen des fehlenden Thatbestandes undeutlich, ich verstehe sie so, dass der der Anspruch auf Herausgabe der Ehezärter (hilicxe vorwairde) im Verlauf des auf ein Haus angestellten Anfangsprocesses geltend gemacht wird. In der zweiten (n) lässt die Nebeneinanderstellung von Anfangen und Ansprechen die Möglichkeit offen, dass jener Ausdruck sich auf die fahrende Habe, das Ansprechen dagegen auf Erb- und Lehngut beziehen solle. — Für gar nicht hierher gehörig halte ich die oben zuletzt angeführte Stelle (o); sie ist nur deswegen eingerückt worden, weil Göschen (S. 498 Anm. 9) in derselben einen Beleg für den in Rede stehenden Gebrauch des Wortes anevang erblickt. Meines Erachtens ist diese Stelle ohne eine Emendation überhaupt nicht verständlich; ich würde statt an ervegude lesen an emme gude; alsdann erklärt sie sich ungezwungen von dem gewöhnlichen Fall des Anfanges fahrender Habe und enthält eine Bestimmung, die sich in den nur von diesem Fall des Anfanges handelnden Abschnitt der Goslarischen Statuten sehr passend einfügt.

Vier der oben mitgetheilten Stellen brauchen zwar nicht die Ausdrücke anevang und anevangen, wohl aber Synonyma in Anwendung auf unrührig Gut; e: aenvairden; i, k, l: anegripen. In m findet sich neben Anfangen auch gefertigen.

Ist die Nachweisung eines derartigen Sprachgebrauches immerhin nicht ohne Bedeutung, so muss unser Interesse wachsen, wenn sich herausstellt, dass wir es mit einem anevang in technischem Sinn, d. h. mit einer gerichtlichen Ansprache zu thun haben, die mit einer Handlegung auf die in Anspruch genommene Sache (manum mittere super rem) beginnt.

Die Stellen, in denen diese Procedur beschrieben oder angedeutet wird, gehören theils dem Gebiet des niederländisch-fränkischen, theils dem des sächsischen, genauer dem Kreise des Magdeburger und Halleschen Rechts an. Ich beginne mit der Erörterung der zweiten Gruppe und fasse zunächst das lehrreiche, oben unter k mitgetheilte Naumburger Weisthum ins Auge.

Das in demselben geschilderte Verfahren hat folgenden Verlauf: Nachdem die Frau, welche das Erbe ansprechen will, sich einen Vormund gekoren und der gekorene Vormund ihr vom Gericht bestellt worden (svenne ir daz gegeben wirt mit orteilen), lässt sich derselbe von seiner Schutzbefohlenen eidlich (mit vingere und mit tungen) die Were geloben. Nunmehr erst hat er die Vormundschaft empfangen, also iz ime helfende si zu sime rechte, denn die Frau ist jetzt an die Handlungen und Erklärungen des Vormundes gebunden (Planck, Gerichtsverfahren I. S. 187). — Das Verfahren selbst beginnt mit der Frage des Vormundes, wie er den Angriff zu vollziehen habe. Genau so beim anevang fahrender Habe: so sal he vregen, wi he iz sulle angrifen, Freiberg (Schott, S. 189)[5]). Diese Frage wird mit Rücksicht auf die vare gestellt, welche der Ritus des anevanges in sich schliesst. Die Meinung der Glosse zum Ssp. (vgl. Homeyer zu Ssp. II. 36; Planck, a. a. O. S. 829), dass auf die Form des Anpackens nichts ankomme, scheint doch auch für Mobilien kaum der allgemeinen Anschauung jener Zeit entsprochen zu haben; hier in Betreff des Grundstückes lautet die Antwort der Schöffen, der Angriff müsse erfolgen oben am Pfosten des Hausthores (obene bi deme thores oberthore). Ganz ähnlich auch in der Urkunde bei Dreyhaupt (i); nur soll nach letzterer die Berührung nicht blos boven an dem dorstell sondern auch neden an der svellen stattfinden. Die symbolische Bedeutung der Thür, des Pfostens und der Schwelle für

[5]) Beim Anfang beweglicher Sachen ergeht noch vor dieser Frage die Bitte an den Richter, den Angriff zu gestatten, Planck, S. 628; Freiberg a. a. O.: So bitte he einis urteilis, ab he daz pfert icht sulle angrifen. So sal man im teilen, wolle he iz gewinnen, he sulle iz billichen angrifen. Eine ähnliche Bitte möchte auch in unserer Stelle zu subintelligiren sein, da es sich in derselben ebenfalls um einen nur mit richterlicher Erlaubniss vorzunehmenden Anfang handelt.

den Besitz des Hauses ist hinlänglich bekannt[6]); wir dürfen einen gleichen oder ähnlichen Ritus des Anfangens wie in unserer Stelle auch da annehmen, wo feststeht, dass überhaupt ein körperliches Anfassen stattfindet, ohne dass die Art desselben näher bezeichnet ist.

Nachdem jenes Urteil gefunden, stellt der Ansprechende, wiederum in der Form der Urteilsfrage, an Richter und Schöffen die Bitte, ihn zum Erbe zu begleiten, damit sie sehen und hören, dass der anevang in der Form Rechtens vor sich gehe, und die weitere Verhandlung findet nun in loco statt. Vergleichen wir auch hiermit das Verfahren bei Mobilien, so ergiebt sich als selbstverständlich, dass bei letzterem zu einer Verlegung der Verhandlung ausserhalb der Gerichtsstätte gewöhnlich keine Veranlassung vorlag, da der anzufangende Gegenstand in der Regel vor die Schranken gebracht wurde. Andererseits fehlt in unserer Stelle der Antrag des vorsichtigen, auf die Möglichkeit einer captio des Klägers achtenden Processgegners, den die Freiberger Statuten beim anevang fahrender Habe erwähnen:

> So sal der widersache boten biten dri man die dazu horen und sehen daz im das pfert angewunnen werde als recht ist. Den boten sal der vogt gebiten daz sie daz thun.

Für einen solchen Antrag ist im voliegenden Fall schon deswegen kein Raum, weil, wie sich sogleich zeigen wird, das Verfahren zunächst überhaupt nicht gegen einen bestimmten Gegner gerichtet ist.

---

[6]) Grimm, R. A. S. 174.

Auf dem Grundstück wird der anevang dreimal mit Hand und Mund in der vorgeschriebenen Weise vollzogen und der Akt Behufs der künftigen Beurkundung mit Richter und Schöffen „besetzt“ (Behrend, Stendaler Urtheilsbuch S. 5, Planck I S. 331), zugleich erfolgt die öffentliche Verkündigung des erhobenen Anspruches und das Erbieten denselben zu erhärten (und wolle daz behalde eder laze also recht ist; vgl. über die Bedeutung von behalden Planck I S. 551 f.). In Verbindung hiermit steht der Antrag festzustellen, wie die Erhärtung zu geschehen habe, eventuell auf gerichtliche Einsetzung in die Gewere des Gutes. Das Urteil besagt: eine Erhärtung ist nur erforderlich, wenn Jemand die Gewere entredet, sonst ist der Ansprechende sofort einzusetzen. „Die Gewere entreden“ bedeutet possessionem defendere, genauer: das Gut von der durch den anevang bewirkten Beschlagnahme freimachen (ähnliche Wendungen bei Haltaus v. Entreden, auch z. B. Görl. Lehnr. II § 31). Das Entreden der Gewere kann nur von Jemand ausgehen, der sich selbst im Besitz befindet und es muss mit rechten ordeilen geschehen, d. h. mittelst einer Einsprache, die nach Form und Inhalt geeignet ist, den erhobenen Angriff abzuwehren. Liegt eine solche Vertheidigung vor, so kommt es darauf an, ob der Ansprechende in der Lage und im Stande ist, seinen Anspruch zu bewähren. Ist dies der Fall, so hat er seine Forderung behalden also recht ist. Im entgegengesetzten Fall wird er unter Verfällung in Busse und Gewette abgewiesen.

Auch für den hier geschilderten Theil des Verfahrens ist ein Vergleich mit dem anevang beweglicher

Sachen von Interesse. Die Aehnlichkeit besteht, wie schon bemerkt, darin, dass bei beiden die Ansprache mit einem Unterwinden der Sache beginnt; dagegen macht sich sofort der Unterschied bemerkbar, dass der Angriff von Mobilien stets auch ein Angriff gegen den Besitzer derselben, also gegen einen bestimmten Beklagten, ist, während wir es im obigen Fall zunächst mit einer Ansprache in incertam personam, m. a. W. mit einem Aufgebotsverfahren zu thun haben. Daraus erklärt sich sowohl die dreimalige Wiederholung des Angriffs wie das Wegfallen des Eides, welcher bei der Verfolgung fahrender Habe zugleich mit dem Akt des anevanges zu leisten ist. Das Aufgebotsverfahren verwandelt sich in ein Verfahren gegen einen bestimmten Gegner, sobald ein Besitzer des Gutes sich erbietet, die Gewere zu entreden. Wir haben uns dies Erbieten gleich der öffentlichen Verkündigung des Angriffs als auf dem Grundstück selbst erfolgend zu denken. Dass dasselbe ebenfalls mit einem Unterwinden zu verbinden war, ist nicht gesagt, aber sehr wahrscheinlich, wenn man sich an die bekannte Bestimmung des Goslarer Rechts erinnert, nach welcher derjenige, der um ein Grundstück beklagt wird, dasselbe up dem sülle behalden, d. h. den vörderen vut up den sülle setten unde de hant up de hilleghen lekghen soll (Göschen S. 25 Z. 28 fgg.; Bruns Beitr. S. 181 Nr. 4; Förstemann, Neue Mittheil. I. H. 3, S. 23 § 4; auch Planck I. S. 662 f.).

Standen sich so Angriff und Abwehr gegenüber, so musste die Fortsetzung des Processkampfes jedenfalls wieder an der Gerichtsstätte stattfinden; die weitere

Verhandlung (Rede und Widerrede, Beweisverfahren) wird sich hier nach den für Klagen um liegendes Gut massgebenden Regeln abgespielt haben. Das Princip des anevanges kommt schliesslich nochmals zur Geltung, wenn der unterliegende Kläger nicht blos „die Forderung lassen", sondern auch Busse und Gewette zahlen muss, nach dem bekannten Grundsatz

> Sves sik die man underwint mit unrechte, dat ime mit rechte afgewunnen wert, he mut it mit bute laten, Ssp. III. 43. 1; Planck I. S. 141.

Diesem Grundsatz entsprechend ist anzunehmen, dass auch der Beklagte cum periculo litigirte und im Fall des Unterliegens ebenfalls Busse und Gewette zu entrichten hatte.

III.

Am nächsten den bisher erörterten stehen die oben unter i und l mitgeteilten Stellen. Von diesen giebt die zweite, abgesehen von der bereits erwähnten geringfügigen Abweichung in Bezug auf die Handlung des Unterwindens zu keiner Bemerkung Veranlassung; dagegen bedarf die erste noch einer kurzen Besprechung, da sie das Bild, welches sich aus der vorstehenden Entwicklung ergiebt, in nicht unwesentlichen Punkten ergänzt.

In der gedachten Stelle wird vorausgesetzt, dass ein Erbe, der in der were nicht bestorbin ist, vor Gericht erscheint und Einweisung in das auf ihn vererbte Grundstück begehrt. Dies Verlangen wird für unstatthaft erklärt; falls derjenige, der das Grundstück in Besitz hat, im Gericht anwesend und zur Vertheidigung erbötig ist (und wil ime antwerden al des rechtes, das die schepfen bewisen das recht si; es ist an die Frage und das Urteil zu denken, auf welche das richterliche Gebot zur „rechten Antwort“ ergeht). Ist dagegen kein Vertheidiger der Gewere gegenwärtig, so kommt es zum anevang in der oben angegebenen Weise, an den sich dann (möglicherweise) die Einweisung knüpft[7]).

Man vergleiche hiermit Dr. zu den Magdeb. Fragen I. 6. 1 (meine Ausg. S. 84 Anm. 2):

> Eyne frouwe quam yn gehegit ding und sprach: ir frund het eyn erbe gelossen nach seynem tode und benumpte ir zyppe czal und beweist das sie des toden nehste were mit erem eyde. Doruff wart sy yn das erbe geweist wenne daz nymant wedir sprach und saczte burgen ab ymant queme der sich nehir bewiste, daz sie dem das erbe volgen liesse.

(Andere Stellen des Magdeb. Rechts über das sich Ziehen zum Erbe und über die Einweisung der Erben in den Allegaten zu M. Fr. I. 7. 4, vgl. auch Stendal. Urteilsbuch S. 103 f.; Laband, vermögensrechtliche Klagen S. 362 fgg.; Heusler, Gewere S. 183 fgg.)

Aus dem Zusammenhalt dieser Stellen rechtfertigt sich der Schluss, dass dem anevang ebenso wie der Einweisung ein „sich Ziehen zum Erbe“ voraufgehen musste, d. h. bekanntlich ein Bescheinigungsverfahren, in welchem der Erbprätendent seine Verwandtschaft mit dem Erblasser darzuthun und eidlich oder durch Urkun-

[7]) Die wörtliche Auslegung der Stelle ist nicht ohne Schwierigkeit. M. E. hängen die Schlussworte „he in grife iz ane also recht si“ unmittelbar von: „so in sal he iz in zu rechte nicht geweldigen“ ab. Der Zwischensatz bildet eine Parenthese.

den zu bekräftigen hatte (Laband a. a. O.). Erst nachdem die Legitimation erbracht war, durfte zum anevang auf das ererbte Grundstück geschritten werden. Bereits in jenem Vorbereitungsstadium konnte ein Gegner hervortreten, der ein näheres oder gleich nahes Erbrecht behauptete. In diesem Fall kam es zunächst überhaupt nicht zum anevang, sondern es musste zuvörderst die Erledigung des Rechtsstreites in den regelmässigen Formen contradictorischer Verhandlung stattfinden. Der anevang war erst möglich, wenn der Gegner zurückgewiesen war.

Wie wir gesehen haben, konnte aber auch noch auf dem Grundstück selbst dem Ansprechenden ein Widersacher erstehen, der das Einlenken der Verhandlung in die Bahnen des ordentlichen Processes herbeiführte. Nach der oben unter k mitgetheilten Stelle stand ein solcher Einspruch in loco nur demjenigen, der in der gewere gesezin ist, also dem faktischen Besitzer zu[8]).

Wurde weder bei der Verhandlung an der Gerichtsstätte noch auf dem Grundstück selbst Einspruch erhoben oder war der erhobene Einspruch durch Urteil zurückgewiesen, so fand nunmehr auf Grund des anevanges die gerichtliche geweldigung statt. Der anevang lässt sich demnach als Beginn der gerichtlichen Einweisung bezeichnen. Diese Bezeichnung ist um so mehr gerechtfertigt, als auch in anderen Fällen der gerichtlichen Einweisung ein ähnlicher Akt der Unterwindung vorkommt.

Freiberg. Stat. (Schott, S. 163): So sal der richter angrifen und sal ienen ouch heizen angrifen an daz thurstadil oder den thurrinc oder

---

[8]) Vgl. hierzu unten S. 41.

waz iz ist und sal sprechen also: Set, ich eigene iz uch vor also vil geldis.

Das Verhältniss zwischen dem anevang, wie er in den obigen Stellen hervortritt und der in anderen Quellen häufig erwähnten gerichtlichen Erbeinweisung lässt sich genauer dahin bestimmen, dass ersterer sich auf ein einzelnes Nachlassgrundstück, letztere dagegen auf den gesammten Nachlass, auf alles Gut, mit welchem der Erblasser bestorben ist (Ssp. I. 6. 1), erstreckt, soweit dasselbe nicht von vorn herein aus dem Nachlass ausscheidet. Insbesondere bezog sich die Erbeinweisung auch auf die im Sterbehause befindliche fahrende Habe.

Die Wirkung der an den anevang sich anschliessenden geweldigung entsprach derjenigen, welche in Folge der Erbeinweisung bezüglich des Nachlassgrundstückes eintrat[9]). Gerade in Bezug hierauf aber besteht eine Meinungsverschiedenheit hinsichtlich des für uns vorzugsweise in Betracht kommenden Magdeburger Rechts. Laband (Vermögensrechtliche Klagen S. 316) und Heusler (Gewere S. 183 f.) nehmen an, dass nach Magdeburger Recht durch die Einweisung in Verbindung mit dem Besitz von Jahr und Tag eine rechte Gewere an den ererbten Immobilien begründet wurde und finden hierin einen Gegensatz zwischen Magdeburger Recht und sächsischem Landrecht, während Planck (Gerichtsverfahren I. S. 639 f.) auch für das Magdeburger Recht die Entstehung einer rechten Gewere in dem vorgedachten Fall in Abrede stellt. Ich schliesse mich der letzteren

---

[9]) S. jedoch unten S. 46 f.

Ansicht an, glaube mich aber einer kurzen Motivirung meiner Zustimmung um so weniger enthalten zu dürfen, als Planck die Heusler'schen Ausführungen gar nicht berücksichtigt hat.

Das Magdeburger Recht — sagt Heusler — habe den Satz aufgestellt, dass der im Besitz befindliche Erbe gegenüber anderen Erbprätendenten sich den Vortheil der rechten Gewere dadurch verschaffen könne, dass er selber sich vom Gericht in das Erbe einweisen lasse. Diese Neuerung sei in bewusster Abweichung vom Landrecht getroffen: sie stehe in Zusammenhang mit dem bekannten Grundsatz des Magdeburger Rechts, dass ohne Auflassung keine rechte Gewere entstehen könne. „Die Auflassung sollte das Mittel geben, den Erben selber schon in dieser Hinsicht gleich zu behandeln wie denjenigen, der von dem Erben gekauft hatte; dazu gelangte man durch die Argumentation, dass wie das Erbgut durch Veräusserung Seitens der Erben an einen Dritten und durch Auflassung vor Gericht verwandelt wird, so dass nun eine rechte Gewere Dritter gegenüber anderen Erben entstehen kann, ebenso auch der Erbe diese Verwandlung schon dadurch zu bewirken vermag, dass er das Gut durch eine gerichtliche Auflassung an sich selbst hindurchgehen lässt, daher denn auch durch solche Besitzeinweisung, welche das Eigen verwandelt wie eine Gabe vor Gericht, eine rechte Gewere von Jahr und Tag möglich wird."

Die Stellung des Magdeburger Rechts zum Landrecht sei demnach die, dass ersteres gleich dem Landrecht die Gewere des Erben auch ohne gerichtliche Einweisung anerkenne und sofort mit dem Tode des

Erblassers entstehen lasse, ihr dagegen die dem Landrecht unbekannte Kraft beigelegt habe, durch gerichtliche Bestätigung nach Jahr und Tag zur rechten Gewere gegenüber andern Erbprätendenten zu werden.

Für die in dieser Darlegung enthaltene scharfsinnige, aber, wie man zugeben wird, sehr künstliche Construction der gerichtlichen Einweisung (Auflassung des Einzuweisenden an sich selbst) bieten indess die Quellen des Magdeburger Rechts keine Stütze dar.

Vor Allem ist zu bemerken, dass das Magdeburger Recht die Einweisung nicht bloss dem im Besitz befindlichen, sondern jedem Erben gewährt, der sich als solcher zu legitimiren vermag. Im Besitz befindet sich der Erbe, wenn er entweder in der Were bestorben oder bis zum Dreissigsten in das Gut gefahren oder später „mit oder ohne Recht" der Gewere gewaltig geworden ist. Die von Heusler S. 184 f. angezogenen, wie auch die mir sonst bekannten Stellen sprechen aber sämmtlich nur von einem „sich Ziehen zum anerstorbenen Erbe", d. h. die Erbeslegitimation führen (Stendal. Urteilsbuch S. 103). Es ist zuzugeben, dass auch der besitzende Erbe Veranlassung haben konnte, die Einweisung zu begehren und alsdann musste auch er sein Erbrecht bescheinigen. In weitaus den meisten Fällen aber wird das sich Ziehen zum Erbe, nicht retinendae, sondern adipiscendae possessionis causa stattgefunden haben, so namentlich in dem sehr gewöhnlichen Fall, in welchem es zu einem vom Richter als erblos in Beschlag genommenen Gut stattfand. Sodann ist mir keine Stelle bekannt, die ausdrücklich oder mittelbar die Einweisung als Grundlage der rechten Gewere an Grundstücken ansieht oder gar sie der Auflassung gleichstellt. Die Sache liegt vielmehr folgendermassen.

Einweisung in das Erbe hat im Magdeburger Recht regelmässig den bereits angegebenen Sinn einer Einweisung in den gesammten Nachlass, einschliesslich der zu demselben gehörigen fahrenden Habe[10]). Wesentlich mit Rücksicht auf die fahrende Habe musste der eingewiesene Erbe die in der Regel „mit stehendem Eigen" zu leistende cautio de restituendo bestellen, falls sich binnen Jahr und Tag besser oder gleich Berechtigte zum Erbe ziehen sollten. In Betreff der Nachlassgrundstücke wäre eine Sicherheit kaum erforderlich gewesen, da hier keine Gefahr des Abhandenbringens vorhanden war[11]). Meldete sich binnen Jahr und Tag kein näherer oder gleich naher Erbe, so war die Caution freizugeben, ein späteres sich Ziehen zum Erbe war unstatthaft, ausser wenn der neue Prätendent ausserhalb Landes geweilt und von der Einweisung keine Kenntniss erhalten oder wenn ihn sonst echte Not geirrt hatte.

Von dieser Wirkung der Einweisung fand nun aber in Betreff der zur Erbschaft gehörigen Grundstücke eine Ausnahme statt. Waren dieselben von demjenigen, der sie als Erbe besass, nicht auf-

---

[10]) Erbe bedeutet auch das ererbte Grundstück und diese Bedeutung liegt überall da vor, wo es in Frage kommt, ob dem Erben die Gewere von Jahr und Tag zusteht, bezw. ob sein Anspruch auf das Erbe durch eine derartige Gewere seitens eines Dritten ausgeschlossen wird.

[11]) Die Sicherheit könnte sich hier höchstens auf die causa rei (Früchte, Deteriorationen) bezogen haben, woran doch aber schwerlich zu denken ist.

gelassen worden, so galt für sie nach Magdeburger Recht wie nach Landrecht der Grundsatz:

> An egene und an huven mach sik die Sasse verswigen binnen drittich jaren und jar unde dach unde er nicht (Ssp. I. 29).

Erst durch die Auflassung konnte die rechte Gewere von Jahr und Tag begründet werden. Dies ist die „Verwandlung," von der die Quellen sprechen[12]). Davon, dass die Einweisung eine solche Verwandlung bewirkt, dass dabei der Erbe „das Gut durch eine gerichtliche Auflassung an sich selbst hindurchgehen lässt", enthalten dieselben Nichts. Man vergleiche die von Heusler selbst angeführten Stellen:

> Magd. Fr. I. 2. 25: Der richter unde dy herschaft mag sich an irem anirstorben erbe nicht vorswygen, dy wile das gut vor gerichte nicht

---

[12]) Darin, dass in dieser Hinsicht ein Unterschied zwischen Landrecht und Magdeburger Recht bestehe, vermag ich Planck a. a. O. nicht zuzustimmen. Wie schon Laband a. a. O. S. 372 bemerkt hat, steht Ssp. I. 29 in untrennbarem Zusammenhang mit dem voraufgehenden Artikel und bezieht sich nur auf den Verlust des Erbrechts durch Verschweigung, schliesst dagegen nicht aus, dass derjenige, dem das Grundstück aufgelassen ist, auch dem Erben die Gewere von Jahr und Tag entgegensetzen kann. Dass dies möglich sein muss, folgt aus Ssp. III. 83 § 2, einer Stelle, in der das „Lassen" des Gutes, nicht, wie Planck annimmt, auf Lehngut bezogen werden kann. Beiläufig mag bemerkt werden, dass auch der Schlusssatz des art. 29: „Dat rike unde de svavee ne mogen sik nümmer verswigen an irme erve de wile se't getugen mogen" nur dann ein richtiges Verständniss erhält, wenn er in Beziehung zum Art. 28 gebracht wird.

vorgeben wirt unde dy gift iar unde tag beste ane rechte wedirsproche.

Culm. IV. 109: Stirbet abir eyme erbnamen stande eygen an, do kan her sich nicht an vorsumen, dy wile daz eygen mit giften nicht gewandilt ist vor gerichte, dy iar und tag ane rechte wedirsproche bestan seyn.

Glog. Rechtsbuch 13: Anerstorben erbe daz unvorwandilt blibit, mag sich nicht vorjeren bey (d. h. in weniger als) eyn undrisig jarn und sechs wochen.

In den ersten beiden Stellen können die hervorgehobenen Worte nur auf eine von demjenigen, der das Grundstück als Erbe in Besitz genommen hatte[13]), an einen Dritten bewirkte Auflassung bezogen werden, denn die gerichtliche Einweisung wird nirgends im Magdeburger Recht als eine Gabe oder ein Geben bezeichnet. In gleichem Sinn ist unzweifelhaft auch das unvorwandilt in der dritten Stelle zu verstehen. Auch wo sonst die Geltendmachung des Erbrechts an Grundstücken durch eine Gewere von Jahr und Tag präkludirt wird, liegt überall eine wirkliche Vergabung, nicht bloss eine Einweisung in der Mitte, so M. Bresl. Schöffenr. III. 2, 7, 8; M. Fr. I. 7, 23; Wasserschl. V. c. 85 (S. 428) und mehrfach. Dass die Einweisung allein nicht ausreichend war, ergiebt sich

[13]) Gleiches Recht gilt, wenn die Herrschaft oder der Richter erbloses Gut in Beschlag nimmt. Auch in diesem Fall verschweigt sich der Erbe an Grundstücken erst binnen 30 Jahren und Jahr und Tag, falls nicht inzwischen eine Auflassung stattgefunden hat. Vgl. z. B. das Urteil bei Neumann, S. 18 f., dessen Thatbestand oben S. 13 unter m mitgetheilt ist.

ferner ganz deutlich aus dem interessanten Rechtsfall der Dresdener Sammlung c. 210 (Wasserschl. S. 107). Hier handelt es sich um folgenden Sachverhalt: Zu einem Nachlass ziehen sich Koppil und Kalnod und leisten die vorgeschriebene Caution, werden also, wie zu ergänzen ist, in denselben eingewiesen. Demnächst legitimirt sich Antonius als gleich naher Erbe, leistet ebenfalls Caution und erlangt gleichfalls die Einweisung. Nach Ablauf von Jahr und Tag seit dieser zweiten Einweisung verkauft Antonius seinen Antheil am ererbten Grundstück. Die Wittwe des Erblassers widerspricht indess der Auflassung, so lange ihr nicht ihre Morgengabe ausgezahlt werde, die auf das Grundstück verschrieben war; Laband, Vermögensr. Klagen S. 396 f.; Schröder II. 3 S. 337 f. Der Käufer zahlt neun Mark als den auf seinen Verkäufer fallenden Antheil an der Schuld und die Auflassung geht jetzt ungestört vor sich. Hierauf stellen die zuerst eingewiesenen Erben Koppil und Kalnod eine Klage gegen Antonius wegen unrichtiger Legitimationsführung an. Der Beklagte ist dingflüchtig und die Kläger verlangen, dass ihm sein Erbtheil abgesprochen werde. (So sind die Worte „des haben de egenannten Koppil und Kalnod dem keuffir das erbeteil wedir abgeteydinget“ offenbar zu verstehen, denn das Urteil, welches dem Antrag der Kläger stattgiebt, wird erst von den Magdeburger Schöffen gesprochen.) In diesem Stadium tritt der Käufer des Grundstückantheils als Intervenient auf und fordert von Kalnod, weil er sich des Antheils seines Verkäufers unterwunden habe, Rückerstattung der an die Wittwe des Erblassers gezahlten neun Mark. Der Schöffenspruch lautet in seinem wesentlichen Inhalt: „ist das Koppil und Kalnod unvorczogin mit rechte, zo mus Anthonius das erbeteil wedir loszen mit wette und mit busze und wer bey dem erbe bleybit, der sal dem keuffir IX marck wedir gebin". Wäre die Ansicht Heusler's zutreffend, so müssten in unserem Fall die Kläger mit ihrem Anspruch gegen Antonius unzweifelhaft abgewiesen werden, denn es wird ausdrücklich festgestellt, dass Antonius seinen Anteil Jahr und Tag besessen hat. Wenn dieser Anteil gleichwol den Klägern zugesprochen wird, so ist damit unzweideutig zu erkennen gegeben, dass in der Person des A. auf Grund der Einweisung überhaupt keine rechte Gewere entstehen konnte, sondern dass dieselbe erst für den Käufer hätte entstehen können, wenn dieser, was hier nicht der Fall, den ihm aufgelassenen Grundstücksanteil zur Zeit der Klageerhebung bereits Jahr und Tag besessen hätte[14]).

Nach dieser Erörterung kehre ich zum anevang zurück.

Gleich der Erbeinweisung beruht er auf einer Bescheinigung des Erbrechts. Dass in unseren Stellen nirgends von einer Cautionsbestellung die Rede ist, erklärt sich nach dem Gesagten daraus, dass es sich eben nur um Grundstücke handelt. Wird der Anvangende der Gewere geweldigt, so bleibt er doch noch binnen 30 Jahren und Jahr und Tag einer hereditatis petitio ausgesetzt. Erst in der Person dessen, der das Grund-

---

[14]) Die Worte „und ist das unvorczogin mit rechte" bedeuten dasselbe wie oben: „dy wile daz eygen mit giften nicht gewandilt ist vor gerichte".

stück mittels Auflassung von ihm erworben, kann eine rechte Gewere von Jahr und Tag entstehen.

Von den oben mitgetheilten Stellen aus dem Bereich des sächs. Rechts ist hier nur noch die S. 13 unter m angeführte zu erwähnen. In derselben ist m. E. das anvangen im technischen Sinn zu verstehen, wenn der Beklagte geltend macht, dass die Klägerin das Gut bisher nicht „geanefanget“ habe. Ebenso ist hieran zu denken, wenn vorher die Klägerin sich auf die kriegerischen Zustände beruft als Entschuldigung dafür, „dass sie nicht kunde das gut gefertigen, als sie gerne getan hatte“. Dagegen scheinen die Worte: „das sie anfacht also hoch“ nur die Bedeutung einer gewöhnlichen Ansprache zu haben.

IV[15]).

Die oben zu a bis h angeführten, den niederländischen Stadtrechten entnommenen Stellen bestätigen von Neuem den Ausspruch Brunner's, „wie ergiebig das ältere holländische Recht für die Aufhellung verwickelter rechtsgeschichtlicher Probleme sein kann“. Seine Be-

---

[15]) Durch die Güte des Herrn Hochlehrers R. Fruin zu Leiden sind mir zwei im Vorwort zu den Leidsche rechtsbronnen erwähnte sehr werthvolle niederländische Dissertationen zur Verfügung gestellt worden: A. Nortier, Bijdrage tot de kennis van het burgerlijk proces in de 15e eeuw binnen de stad Leiden. Leiden 1874 und Krom, Oudnederlandsch Erfhuisrecht Nijmegen 1878. Das Hauptverdienst der ersten Schrift besteht in der auch für Germanisten höchst interessanten Darstellung des Rechtsganges vor den Leidener

deutung für uns besteht nicht blos darin, dass dasselbe den anevang auf Erbgut und die Erbeinweisung in sehr ausgeprägter Gestalt überliefert, sondern weit mehr noch darin, dass dasselbe den Zusammenhang beider Institute mit der gesammten Rechtsstellung des Erben und zugleich hinsichtlich beider die principielle Uebereinstimmung des fränkischen mit dem sächsischen, insbesondere dem Magdeburger Recht klar erkennen lässt. Denn dass wir es hierbei mit einer auf fränkischen Ursprung zurückzuführenden Entwicklung zu thun haben, kann nach Brunner's Bemerkung (a. a. O. S. 241) nicht zweifelhaft sein. Die Annahme Heusler's, dass das Magdeburger Recht bezüglich der Erbeinweisung eine isolirte Stellung einnehme, wird durch die niederländischen Stadtrechte bestimmt widerlegt.

Die Frage nach der Erbengewere kann bei uns trotz der neuesten Erörterungen von Heusler (Gewere S. 172 f.); Laband (krit. Vierteljahrschr. Bd. 15 S. 397 f.); Cosack (Besitz des Erben S. 25 f.) und Planck (Ge-

---

Gerichten. Unser Thema erörtert sie nur gelegentlich. Die zweite Schrift behandelt dasselbe sehr eingehend unter Verarbeitung eines umfassenden Materials, ich habe dieselbe bei der folgenden Darstellung benutzt, ohne ihren reichen Inhalt vollständig verwerthen zu können. Zur Klarlegung der principiellen Grundlagen der von ihm geschilderten Institute ist aber der Verfasser nicht überall vorgedrungen und was im Folgenden in dieser Hinsicht bemerkt ist, kommt wesentlich auf meine Verantwortung. Die gehaltvolle, auch in Deutschland lange geschätzte Schrift von J. A. Fruin, De anfang en de schlichte clage umme varende have naar het oud — saksische recht — Amsterdam 1870, enthält zwar auch einen Anhang über das holländische Recht, indess betrifft derselbe nur den anevang um fahrende Habe.

richtsverfahren I. S. 531 f.) nicht als abgeschlossen gelten. Ich gestatte mir, an den gegenwärtigen Stand der Controverse zu erinnern. Wenn ich mich dabei auf die von den genannten Schriftstellern aufgestellten Ansichten beschränke, so bevorworte ich — und es gilt dies für die nachfolgenden Bemerkungen überhaupt —, dass eine erschöpfende Behandlung des Themas die dieser Arbeit zu steckenden Grenzen weit überschreiten würde.

Heusler, dem Cosack im Wesentlichen gefolgt ist, nimmt, abgesehen vom Lehnrecht und der, wie er meint, eigenthümlichen Complication des Magdeburger Rechts unmittelbaren Besitzerwerb seitens des Erben an. Freilich setzt nach ihm die Erbengewere voraus, dass die Sache sich unangetastet im Nachlass befindet und sie dauert nur so lange, als nicht ein anderer den Besitz des Nachlasses erlangt hat. Allein es bedarf unter jener Voraussetzung zur Entstehung der Gewere keiner Apprehension seitens des Erben und sie hat, so lange sie besteht, auch ohne dass ein faktisches Besitzverhältniss hergestellt ist, die Wirkungen eines solchen.

Im Gegensatz hierzu will Laband „die sog. Erbengewere gänzlich fallen lassen“. Dieselbe soll sich darauf reduziren, dass seitens des Erben der Besitzerwerb nicht durch einen äusserlichen Akt manifestirt zu werden brauche, wie bei der Occupation und Uebergabe, sondern dass der Wille des Erben, die Nachlasssache zu besitzen, als selbstverständlich vom Recht präsumirt werde, so dass er sich im Besitz befinde, wenn er thatsächlich in der Lage sei, die physische Herrschaft auszuüben oder die Nutzungen zu ziehen.

Planck endlich findet die Bedeutung der auf den

Erben ersterbenden Gewere in der Möglichkeit rechtlich geschützten Besitzes. Die Wirkung dieser Möglichkeit besteht darin, dass der Erbe in einem Rechtsstreit mit einem Gegner, der seinerseits Gewere behauptet, „die Gewere seines Rechtsvorgängers als ohne Weiteres auf sich übergegangen, geltend machen kann. Zwar hat er die Gewere im vollen Sinn nicht eher, als bis er auch den Besitz erworben, vorher darbt er vielmehr dieser Gewere. Allein er wird im Streit mit jenem Gegner einstweilen so behandelt, als hätte er den ihm gebührenden Besitzerwerb bereits vollzogen; er wird einstweilen zur Behauptung seiner Gewere zugelassen, um eine Vergleichung derselben mit der von seinem Gegner behaupteten zu ermöglichen[16])".

Die Ansicht Planck's erhält durch das altniederländische Erbhausrecht eine sehr wünschenswerthe Bekräftigung[17]).

Das Erbhausrecht galt im M. A. im grössten Theil der nördlichen Niederlande und hat sich daselbst zum Theil bis in dieses Jahrhundert erhalten. Frühzeitig verdrängt wurde das Erbhausrecht in Utrecht

---

[16]) Bei Planck beziehen sich die obigen Bemerkungen auch auf die übrigen Fälle, in denen er eine Gewere in gleichem Sinn annimmt.

[17]) Es ist bemerkenswerth, dass Krom, obwohl er das Werk von Planck noch nicht kannte, zu einem ähnlichen, nur nicht mit derselben Schärfe ausgesprochenen Ergebniss gelangt; a. a. O. p. 9. — Der oben gebrauchte Ausdruck altniederländisch scheint die in den Niederlanden für die mittelalterlichen Rechtsquellen übliche Bezeichnung zu sein. Uns klingt er in Anwendung auf Quellen aus dem 14. und 15. Jahrhundert etwas seltsam.

durch das sog. Boedelrecht (boedel, boel Nachlassmasse), indess die Abweichung betrifft doch nur Einzelheiten, s. unten S. 42. In noch höherem Mass scheint das Westfriesische Boedelrecht mit dem Erbhausrecht übereinstimmend gewesen zu sein[18]).

Erbhaus und Sterbehaus werden in der Regel gleichbedeutend gebraucht[19]) und bezeichnen zunächst die Were, in welcher der Erblasser verstorben ist, sodann auch den Nachlass, der sich in dieser Were befindet, endlich den gesammten Nachlass überhaupt. In den beiden letzteren Bedeutungen hat mithin das Sterbehaus den Sinn eines Inbegriffs, es ist der greifbare Repräsentant des Nachlasses. Mortuaria domus est universa defuncti haereditas civili quodam modo repraesentata per domum ubi defunctus postremum habuit domicilium; Fr. a Sande bei Krom, p. 36.

Wenn der Todte aus dem Hause getragen wird, so räumt er die Thür, eine Wendung, die sich häufig findet, vgl. z. B. die oben zu c. angeführte Stelle, auch Leidsche rechtsbr. I. p. 169 no. 130, p. 200 n. 207, und die nicht blos bildlich zu verstehen ist. Es liegt darin, dass die Entfernung der Leiche aus dem Sterbehause wie eine Handlung des Verstorbenen angesehen wird, durch welche derselbe den Besitz zu Gunsten des Ueberlebenden freimacht, dass sie m. a. W. dem exire oder se exitum facere im Fall der Veräusserung gleichgestellt wird. Die hierdurch nahe gelegte Parallele zwischen der Vererbung und Auflassung ist schon öfters gezogen

[18]) Krom, p. 117 f.

[19]) Unterscheidungen, Krom, p. 92.

worden, wenn man aber daraus gefolgert hat, dass, wie bei der Auflassung die Gewere sofort auf den Erwerber übergehe (was dahin gestellt bleiben mag), dies auch bei der Vererbung der Fall sein müsse, so übersieht man, dass zur Auflassung nothwendig eine Ergreifungshandlung des Erwerbers gehört. Dass nicht das Grundstück selbst apprehendirt zu werden braucht, sondern dass die Ergreifung eines Symbols ausreicht, kommt hier nicht in Betracht; keinenfalls wird die Gewere ohne Zuthun des Erwerbers übertragen. — Aus jener Parallele ist demnach vielmehr zu folgern, dass, indem der Todte das Haus verlässt, für den Lebenden[20]) nur die Möglichkeit eröffnet wird, den Besitz des Nachlasses zu erlangen. Zur Verwirklichung derselben ist immer noch ein Willensakt des Erben, eine Besitzergreifung erforderlich.

Die Eröffnung dieser Möglichkeit kann man die deutschrechtliche Delation nennen. Sie unterscheidet sich von der römischen Delation dadurch, dass sie nicht die Möglichkeit ist, Erbe, sondern Besitzer der Erbschaft zu werden und die an den Besitz sich knüpfenden Rechte zu erlangen.

In gewissem Umfang wird allerdings schon diese Möglichkeit als aktuelles Recht behandelt. Sie vererbt sich weiter und ist, wie Planck gezeigt hat, im Process von Bedeutung. Insoweit, aber auch nur insoweit, kann man sagen, dass die Erbschaft nach deutschem Recht ipso jure erworben wird.

Hiernach ergiebt sich nun auch das richtige Ver-

---

[20]) Sofern derselbe nicht bereits im Erbe sitzt.

ständniss der Parömie: der Todte erbt den Lebendigen. Erben bedeutet nicht: zum Erben oder Erbschaftsbesitzer machen, sondern: dem Lebenden den Besitz des Nachlasses eröffnen, m. a. W. ihn in die Rechtsstellung bringen, die ihm die Möglichkeit der Besitzergreifung gewährt. In einem andern Sinne ist auch nicht das von Krom p. 24 mitgetheilte Hunsingöer Landrecht zu verstehen: „Erben oder Vererben bedeutet nichts Anderes, als dass ein Mensch auf den Lebenden dasjenige Recht überträgt, welches er an seinem Todestage hatte". Die gleiche Bedeutung lag ursprünglich wohl auch der französischen Parömie „le mort saisit le vif" zu Grunde. Diese letztere hat freilich, wie es scheint, durch romanistische Einflüsse[21]), vielfach den Sinn eines unmittelbar mit dem Tode eintretenden Besitzüberganges erhalten. In dem grössten Theil der Niederlande ist indess sowohl die französische Parömie wie die Idee eines unmittelbaren Besitzüberganges auf die Erben unbekannt geblieben (Krom p. 135).

In Zusammenhang mit dem Erörterten ist darauf hinzuweisen, dass der Begriff des erblosen Gutes in den deutschen Rechtsquellen dem der römischen hereditas vacans zwar nahe kommt, aber doch nicht völlig mit ihm zusammenfällt. Letztere ist die Erbschaft, für die es an einem Erben fehlt; das erblose Gut ist der Nachlass, hinsichtlich dessen kein Erbberechtigter die Möglichkeit des Besitzes verwirklicht hat.

---

[21]) Renaud, Zeitschr. f. Gesetzg. und Rechtswissensch. d. Ausl., Bd. 19 S. 346; Heusler, S. 346, anders Cosack, S. 63.

V.

Das Erb- oder Sterbehaus bestand als solches Jahr und Tag nach dem Tod des Erblassers[23]). Binnen dieser Frist konnte der Erbprätendent sich durch den am Sterbehause zu vollziehenden Akt der Besitzergreifung in den Besitz des Nachlasses setzen. Also dieselbe Frist, innerhalb deren nach sächsischem Recht das sich Ziehen zur Erbschaft zulässig war. Nach Ablauf von Jahr und Tag war eine Besitznahme des Nachlasses überhaupt nicht mehr möglich. Auch insoweit das Recht der Erben nicht durch den Heimfall an die Obrigkeit beseitigt war, konnte dasselbe doch fortan nur noch als ein Anspruch auf die einzelnen Erbschaftssachen verfolgt werden. Was den Heimfall an die Obrigkeit anlangt, so enthalten die niederländischen Quellen gleich den deutschen die Bestimmung, dass die Einziehung des erblosen Guts zunächst nur provisorisch wirkt, sich aber nach Ablauf von Jahr und Tag in ein Definitivum verwandelt. Dagegen vermag ich nicht klar zu erkennen, ob die in letzterem Fall eintretende Präclusion der Erbansprüche sich, wie nach sächsischem Recht, lediglich auf die Mobilien oder auch auf die Nachlassgrundstücke erstreckte.

Die Besitzergreifung binnen Jahr und Tag konnte „mit oder ohne Recht", also mittelst gerichtlicher Ein-

---

[23]) Brieler Rechtsbuch (Oude rechtsbr. l. 1, p. 153): „So is een vraghe, hoe langhe een sterfhuus duert. Die antwoirde is: jar unde dach" — und öfters.

weisung oder durch Privatakt bewirkt werden, in gewissen Fällen war erstere nothwendig. Ein gemeinsamer Name für die gerichtliche und aussergerichtliche Apprehension ist Anfertigung, während der Ausdruck anevang vorzugsweise von ersterer gebraucht wird. Die gerichtliche Einweisung selbst hiess inleiding, inleide[23]). Mittelst anevanges konnte übrigens auch procedirt werden, wenn nach Ablauf von Jahr und Tag einzelne Erbschaftssachen (gleichviel ob Mobilien oder Grundstücke) eingeklagt wurden.

Die gerichtliche Anfertigung bestand ursprünglich überall in einem körperlichen manum apponere (handt daer an slaen). Wahrscheinlich war, wie nach sächsischem Recht die Thür oder der Thürpfosten zu ergreifen[24]). Zum Behuf der gerichtlichen Anfertigung wurde im Sterbehause die Bank gespannt und dies im Sterbehause gehegte Gericht heisst selbst das Erbhausrecht, ja es ist dies die vorwiegende Bedeutung unseres Wortes[25]). Später kommt das in loco abgehaltene Ge-

---

[23]) Im e. S. war die inleiding ein besonderes, in einzelnen holländischen Städten, z. B. in Utrecht übliches Verfahren, welches mit einer missio in bona begann. Dasselbe unterschied sich namentlich dadurch von dem anevang, dass es lediglich gegen den Erbschaftsbesitzer (boedelhouder, boedelharder, erfuiter, massarius) gerichtet, und dass daher nur dieser zum Einspruch befugt war, Nortier, p. 28.

[24]) Ueber die Formen des friesischen Rechts, Krom, p. 25.

[25]) Ausserdem bedeutet dasselbe natürlich auch den Inbegriff der auf das Erbhaus bezüglichen Rechtssätze. — Eine eigenthümliche Art des Erbhausrechts im obigen Sinn ist der Behufs Befriedigung der Nachlassgläubiger stattfindende Umgang des Brieler Rechtsbuchs, hierüber Krom, p. 114 f.; Brieler Rechtsbuch,

richt mehrfach ausser Uebung, das Erbhausrecht wird in das Rathhaus verlegt. Die Unterwindung gestaltete sich hierdurch zu einer rein symbolischen Handlung, sie geschah, indem der Apprehendirende die Hand an den Richterstab (aan's schouten roede) legte[26]).

Für die aussergerichtliche Anfertigung hat sich eine derartige Symbolik nicht entwickelt. Hier musste es mithin bei der körperlichen Besitzergreifung verbleiben. Nicht ausdrücklich bezeugt, aber sehr wahrscheinlich ist, dass sie mit demselben Ritus wie der gerichtliche anevang, und zwar unter Zuziehung von Zeugen zu bewirken war[27]).

VI.

Genauer schildert den Hergang bei der gerichtlichen Anfertigung die oben zu a) mitgetheilte Stelle. Der Antrag auf Einweisung musste danach ähnlich wie nach sächsischem Recht an der Gerichtsstätte (opten vierschaerdach) gestellt werden, wonächst sich das Gericht in das Sterbehaus begab. Dass ein Verfahren behufs Erbringung der Erbeslegitimation vorangegangen wäre, ist nicht ersichtlich; gleichwohl glaube ich annehmen zu dürfen, dass eine Bescheinigung erforderlich war. War der anevang

---

p. 153 f. — Erbhaus halten heisst übrigens auch ein Gericht Behufs einer Vergabung abhalten, was ebenfalls im Hause des Vergabenden geschehen konnte, Krom, p. 93 no. 189, p. 101 no. 210.

[26]) So namentlich, wenn der Erblasser nicht im eigenen Hause verstorben ist, Krom, p. 51, 103.

[27]) S. unten S. 51 f.

vorschriftsmässig bewirkt, so lag die Sache ähnlich wie in dem oben S. 38 besprochenen Fall. Es musste nunmehr die Einweisung erfolgen, falls Niemand Einspruch erhob. Nach unserer Stelle war hierzu Jedermann (yegelick, dyen dat belieft) befugt, wenn er sich für Bann und Brüche verbürgte. Dies ist auch insofern zutreffend, als unter der gedachten Voraussetzung jeder Einspruch formell berücksichtigt werden musste, d. h. eine urtheilsmässige Erledigung nothwendig machte. Sachlich legitimirt war aber nur diejenige Opposition, die von einer in der Gewere befindlichen Person ausging oder die sich auf ein besseres oder gleich nahes Erbrecht gründete[28]). Der Einspruch musste binnen 14 Tagen nach gehöriger Notifikation (na dat hem een kennelicke wete gedaen is) erfolgen. Eine Notifikation aber brauchte nur an diejenigen zu geschehen, die sich in der Gewere des Sterbehauses befanden[29]).

Die Einsprache war eine förmliche Contravindicatio oder vielmehr sie entsprach dem Akt der Anfertigung[30]). Dem anevang wurde ein Gegenanevang gegenübergestellt, so dass nunmehr wie unsere Stelle sagt, vanck gegen vanck stand.

In dem nunmehr entstehenden Rechtsstreit hatte

---

[28]) Vgl. hierzu Krom, p. 53 v.; Nortier, p. 29.

[29]) „Hem" heisst also dem faktischen Besitzer. Der Artikel van weten te doen, auf den unsere Stelle verweist, scheint die a. a. O. p. 250 f. befindliche keure: van arreste ofte besettinghe zu sein, in der ausführlich von der Bekanntmachung des angelegten Arrestes an den Arrestaten gehandelt wird.

[30]) Bei dem anevang auf Mobilien musste der Beklagte die Hand des Klägers „abschlagen", Nortier, p. 26.

der erste Angreifer die Rolle des Klägers, der zweite die des Beklagten. Erfolgte kein Einspruch oder wurde der erhobene durch Urtheil erledigt, so fand die Einweisung statt und dem Eingewiesenen wurde der vorban gewirkt, der jede Störung verbot, sie geschehe denn bei Jahr und Tag (Brunner a. a. O., S. 239; Krom, p. 95). Nach Ablauf dieser Frist erlangte der Eingewiesene ein definitives Recht, er konnte jetzt, wie es in der Einweisungsformel und dem hierüber zu ertheilenden Schöffenbrief hiess, „in dem erbe berusten nu ende te ewigen dagen“, war mithin, abgesehen von den Fällen, in denen eine Behinderung durch echte Noth vorlag, gegen alle Ansprüche etwaiger anderer Erbprätendenten gesichert. Diese Wirkung erstreckte sich nicht blos auf den Mobiliarnachlass, sondern auch auf das Erbhaus selbst. Von dem sächsischen Recht unterscheidet sich mithin das niederländische wesentlich darin, dass dieses die Gewere von Jahr und Tag auch an dem Erbeigen anerkennt.

Bevor hierauf etwas näher eingegangen wird, ist noch kurz der abweichenden Gestalt zu gedenken, in welcher sich das Verfahren bei der inleiding im e. S. abspielte. Dieselbe war, wie bereits angedeutet[31]), eine missio in bona, die sich lediglich gegen den im Sterbehause befindlichen Besitzer der Erbschaft richtete[32]). Sie wurde ursprünglich ebenfalls in loco, später durch

[31]) Oben S. 39 Anm. 23. Das Institut dieser inleiding fällt mit dem S. 34 f. erwähnten boedelrecht zusammen.

[32]) Vorzugsweise ist dabei an diejenigen Personen zu denken, die in der Were bestorben sind, die Wittwen und die unabgetheilten Kinder.

richterliches Dekret ertheilt[33]). Der contrarius actus, der hier nur vom Besitzer ausgehen konnte und der gleich dem Gegenanevang binnen bestimmter, aber meist auf länger als 14 Tage bemessener Frist erfolgen musste, hiess uitleiding, uitleide; er geschah mittelst der Behauptung, dass der Gegner eine „unrechte, quade inleide" gethan habe, und es musste dann hierüber verhandelt werden. Von einem Vorbann und einer demnächstigen definitiven Einweisung scheint hier nicht die Rede zu sein[34]); nur musste, wenn der inleide eine Opposition gegenüberstand, falls diese zurückgewiesen wurde, das Urtheil durch eine neue Einweisung vollzogen werden[35]). Die Einweisung erfolgte „zum ersten, zweiten und dritten Mal", was an die dreimalige Wiederholung des anevanges im sächsischen Recht (oben S. 19) erinnert[36]). Etwaige sonstige Erbprätendenten waren durch die inleiding nicht gehindert, binnen Jahr und Tag seit dem Tode des Erblasser ebenfalls eine Einweisung nachzusuchen.

Bei der Einweisung im Fall des anevanges und der inleiding im e. S. musste der Eingewiesene, wie nach sächsischem Recht, Caution bestellen (einen voorvang

---

[33]) In einzelnen Städten existirte ein Boek van inleidinge, in welches die Einweisungen einzutragen waren, Krom p. 150 not. 104.

[34]) Abgesehen vom Friesischen Recht, Krom, p. 95, vgl. oben S. 35.

[35]) Durch die uitleiding war die inleiding wirkungslos gemacht, bedurfte also, auch wenn die erstere für unrechtmässig erachtet war, einer abermaligen Bestätigung.

[36]) Krom, p. 79, 105. Die Wiederholung fand aber an verschiedenen Gerichtstagen statt.

thun, Krom p. 45, 48), indess war dieselbe nicht sowohl eine cautio de restituendo, als vielmehr eine den Nachlassgläubiger bestellte Sicherheit; vgl. die oben S. 10 zu e mitgetheilte Stelle, auch Krom a. a. O.

Die rechte Gewere am Erbgrundstück, wie überhaupt der Rechtsschutz, den der Besitz von Jahr und Tag dem Erben verlieh, setzte nicht nothwendig gerichtliche Einweisung voraus. Auch sonst verlangt das niederländische Recht zur Entstehung der rechten Gewere keine Ankunft mit Recht; der ruhige Besitz von Jahr und Tag schützt, wie eine spätere Quelle drastisch sagt, „selbst wenn der Besitzer mit einer Schleuder ins Land geworfen wäre“[37]). Dennoch ist die grosse Bedeutung der gerichtlichen Einweisung unverkennbar. Zunächst in Bezug auf den Beweis. Sie macht es möglich, das Vorhandensein der rechten Gewere durch Gerichtszeugniss (Schöffenbriefe) darzuthun. Sodann konnte die aussergerichtliche Besitzergreifung sich doch immer nur auf das Sterbehaus selbst und die in demselben befindliche fahrende Habe beziehen; die gerichtliche Einweisung erlangte aber sehr bald die Bedeutung einer missio in den gesammten Nachlass, auch denjenigen, der sich ausserhalb des Sterbehauses befand; der Ausdruck Sterbe- oder Erbhaus erhielt die oben S. 35 hervorgehobene weitest gehende Bedeutung[38]). Endlich verband sich mit der gerichtlichen Einweisung gleich-

---

[37]) Krom, p. 31.

[38]) Nach einer Friesischen dingtal (Krom, p. 95) erfolgt die im Sterbehaus stattfindende Einweisung „in den boedel, dat dese mensche geruymt heeft metter doot, doe hy an zynen lesten live was, waert gelegen is, binnen der doer of buyten der doer, wassen ende wanen.“

sam von selbst eine Einmischung des Gerichts in die Nachlassregulirung, eine gerichtliche Verlassenschaftsabhandlung[39]). Mit Rücksicht auf die hierdurch den Interessenten gewährte grössere Sicherheit, sowie auf die Störungen des Friedens, die bei der aussergerichtlichen Besitznahme zu befürchten waren, wurde letztere immer mehr eingeschränkt, die gerichtliche Einweisung in immer weiterem Umfange obligatorisch gemacht. So scheint jene in Geldern und Utrecht ganz ausgeschlossen gewesen zu sein, in Leiden stand sie nur den As- und Descendenten zu, in Friesland zwar auch den Collateralen, wird aber hier ausdrücklich als uneigentliche (impura) Anfertigung bezeichnet, vgl. Krom p. 82, 105, 122; Nortier p. 28.

VII.

In Bezug auf die Bedeutung der Einweisung in den gesammten Nachlass ist hier noch Folgendes zu bemerken.

Ursprünglich bezog sich die Einweisung, mochte sie auf Grund des anevanges oder als inleiding erfolgen, eben nur auf das Sterbehaus und seinen beweglichen Inhalt. Gehörten noch andere Grundstücke zur Erbmasse, so mussten bei jedem derselben anevang und Einweisung besonders erwirkt werden. Auch als sich die Einweisung bereits zu einer missio in bona gestaltet hatte, wirkte sie zunächst doch nicht über den Bezirk

---

[39]) Krom, p. 110 f.

des Gerichts, welches sie ausgesprochen hatte und erst ziemlich spät finden sich Vereinbarungen der Städte und Landschaften, welche der von einem einzelnen Gericht ertheilten Einweisung gegenseitige Anerkennung zusicherten[40]). Hiernach konnte man also mit einem der westfälischen toeversicht[41]) ähnlichen Schöffenbrief die Wirkungen der missio auch in einem auswärtigen Gericht geltend machen.

Welche Bedeutung hatte nun aber die Einweisung in den gesammten Nachlass hinsichtlich der ausserhalb des Sterbehauses befindlichen Nachlassbestandtheile. Die Wirkungen des faktischen Besitzes konnten in Betreff derselben ohne wirkliche Besitzergreifung nicht eintreten. Weder war in Bezug auf die Mobilien das Verhältniss der Detention hergestellt, noch ist es denkbar, dass an den ausser dem Sterbehause zum Nachlass gehörigen Immobilien lediglich auf Grund der Einweisung ohne faktischen Besitz die rechte Gewere von Jahr und Tag hätte entstehen können.

Andererseits kann die Bedeutung der Einweisung nicht darin bestanden haben, dass sie die Möglichkeit der Besitzergreifung gewährte, denn in diesem Sinne erstarb, wie wir oben gesehen, die Gewere unmittelbar mit dem Tode des Erblassers auf den Erben. Ebensowenig ist anzunehmen, dass durch dieselbe die Befugniss zu eigenmächtiger Besitznahme des nicht im Sterbehause befindlichen Nachlasses begründet worden sei. Soweit eine solche Befugniss nicht ohnehin bestand, liess sie

---

[40]) Krom, p. 40 v.

[41]) Laband, Vermögensrechtliche Klagen, S. 365.

sich auf die gerichtliche Einweisung gewiss nicht stützen, da diese ihrem ganzen Wesen nach auf Einschränkung der Eigenmacht gerichtet war.

Als die Hauptwirkung der Einweisung in dieser Richtung ist vielmehr die gerichtliche Feststellung der Erbenqualität anzusehen. Sie brauchte nun nicht mehr in jedem einzelnen Fall besonders dargethan zu werden. Auf Grund dieser Feststellung konnte der Erbe alle diejenigen Sachen beanspruchen, die sich beim Tode des Erblassers in der Gewere desselben befanden; der Besitzer musste weichen, wenn er nicht ein besseres oder gleich nahes Erbrecht darzuthun vermochte[42]). Ebenso konnte der Erbe von dieser Feststellung Gebrauch machen, wenn es sich um Geltendmachung der dem Erblasser zustehenden Ansprüche gegen dritte Personen handelte.

Eine zweite hiermit zusammenhängende Wirkung war die Erhaltung der dem Eingewiesenen zustehenden Erbansprüche. Die Einweisung unterbrach, modern ausgedrückt, sowohl die Verjährung der Erbansprüche wie die Ersitzung von Erbschaftssachen. Der Besitzer eines zur Erbmasse gehörigen Grundstücks konnte sich nicht auf die rechte Gewere von Jahr und Tag berufen gegenüber einem Erben, dem vor Ablauf dieser Frist eine Einweisung ertheilt war.

Wie lange währte die zuletzt gedachte Wirkung der Einweisung? Ich weiss hierfür keine andere Zeitgrenze als die Bestimmung in den costumen ende usantien der stad van Utrecht no 51 (Oude rechtsbr. I. 3. Deel 2,

---

[42]) Es war in diesem Fall ebenfalls mit anevang zu klagen.

p. 442): Een rustelich besith van onroerende goederen prescribeert mit den tijd van het derdendeel van hondert jaren ende gaet alzulcke prescriptie voor alle segel ende brieff. Diese Frist, die auch in der oben zu f angeführten Stelle Anwendung findet und die vielleicht aus einer Abrundung der Frist von dreissig Jahren nebst dreimal Jahr und Tag, vielleicht auch daraus zu erklären ist, dass das Drittel eines Jahrhunderts als die Dauer eines Menschenalters angesehen wurde, entspricht demnach in gewisser Beziehung derjenigen, binnen welcher sich der Sachse an Eigen und an Hufen verschwieg.

Der vorher angedeutete Zusammenhang zwischen der Erbeinweisung und der gerichtlichen Nachlassregulirung kann an dieser Stelle nicht weiter verfolgt werden. — Ich schliesse die Betrachtung des niederländischen Rechts mit einigen die oben S. 9 ff. mitgetheilten Stellen erläuternden Bemerkungen. In der zu b angeführten Stelle handelt es sich nicht um einen anevang, der auf einem Erbanspruch beruhte, sondern um eine auf ein Grundstück verschriebene Rente von vier Burgundischen Schillingen jährlich. Nortier, p. 26 nimmt an, dass der anevang bei Klagen um liegendes Gut ein allgemein zuständiges Verfahren gewesen sei. Ich kann die obige Stelle nicht als eine Bestätigung dieser Ansicht betrachten, nehme vielmehr an, dass in derselben das Wort anevang nicht ganz korrekt für eine Klage mit Besetzung gebraucht ist, die allerdings mit dem anevang in sofern übereinstimmt, als sie ebenfalls mit einer Beschlagnahme des Gutes beginnt, sonst aber doch erheblich von ihm abweicht, vgl. Stendaler

Urtheilsbuch S. 8 fgg.; Planck II., S. 395 fgg.; auch Nortier, p. 17 s.

In der Stelle zu c verpflichtet sich eine Wittwe, ohne Zustimmung ihrer Söhne nicht wieder zu heirathen. Für den Fall des Zuwiderhandelns räumt sie ihren Söhnen das Recht ein, alle ihre Güter, Grundstücke und Mobilien, anzufahen. Das Wort ist hier zunächst in dem allgemeinen Sinn von occupare, sich unterwinden, gemeint. Indess ist dabei ein gerichtlicher anevang keinesfalls ausgeschlossen. Verrückt die Wittwe den Wittwenstuhl, so soll ihr Vermögen sofort an ihre Kinder fallen, wie wenn sie verstorben wäre, vgl. die Urk. bei Lörsch und Schröder 163 (136): promisimus et promittimus . . . quod quicumque nostrum permissione divina primo emigraverit ab hac vita, superstes ad alias nuptias nullatenus evolabit; sed si secus fecerit . . omnia bona, mobilia et immobilia . . . tamquam ex morte ipsius dinoscerentur vacare et ad prefatos liberos nostros libere devolvantur; s. auch Stobbe, Handbuch IV. S. 286, Anm. 10. Hier liegt mithin zwar nicht die Geltendmachung eines Erbanspruches im e. S., wohl aber eines sehr ähnlichen Anspruches vor; die Beerbung wird antecipirt. Wir haben keine Veranlassung, die Anwendbarkeit der Grundsätze über die Besitznahme des Nachlasses auf diesen Fall zu bezweifeln.

Der Inhalt der unter e mitgetheilten Stelle ist bereits im Verlauf dieser Abhandlung mehrfach berührt worden. Die Stelle weist bereits auf die gerichtliche Nachlassregulirung hin, der Schluss derselben bezeichnet das Sterbehaus als den Ort, wo die Erbtheilung vorzunehmen ist, vgl. hierzu Leidsche rechtsbr. I p. 200 no. 207; Nortier p. 29; Krom p. 41, 59.

„Unrechter anevang“ (f, h.) kann an sich ebensowohl einen anevang bedeuten, der nicht in gehöriger Form geschehen, wie einen solchen, der sich aus anderen Gründen als unstatthaft herausstellt. In den beiden obigen Stellen liegt die zweite Bedeutung vor. In h erfolgt die Zurückweisung, weil der anevang auf das Sterbehaus nach Ablauf von Jahr und Tag seit dem Tode des Erblassers bewirkt worden ist; in f auf Grund der oben S. 48 erwähnten Verjährung von $33^1/_3$ Jahren. Ob es sich in letzterer Stelle um einen Erbanspruch handelt, ist nicht zu ersehen.

VIII.

Bekanntlich hat sich schon Homeyer in der klassischen Abhandlung über den Dreissigsten S. 241 f. dahin auspesprochen, dass es zur Lösung der Frage nach dem Besitzübergang auf den Erben „in etwas beitragen würde, wenn sich ein besonderer Ritus der Besitznahme des Erben als üblich nachweisen liesse“. Er selbst kommt freilich nach der Musterung nordischer, angelsächsischer, und deutscher Quellen zu dem Ergebniss, „dass in früher, unbestimmter Zeit auch der germanische Erbe den Beginn seiner Gewalt mit dem Einnehmen des väterlichen Sitzes bezeichnet habe. Aber diese Sitte ist doch glaublich um die Zeit, da die rechtliche Bedeutung des Dreissigsten in unseren Quellen hervortritt, im Kreise des Privatlebens schon geschwunden, auch ein anderer bestimmter Ritus nicht an ihre Stelle getreten.“ Der letzte Satz möchte nach dem bisher Ausgeführten doch zu beanstanden sein. Anevang und gerichtliche Einweisung sind hier für das fränkische und sächsische Recht nachgewiesen worden und waren offenbar auch in anderen Gebieten heimisch. Wie geläufig der Ritus des Handanlegens bei der Besitznahme der Erbschaft war, zeigt sich darin, dass selbst der Richter sich in dieser Weise des erblosen Gutes unterwinden musste, vgl. die keure von Furnes (Warnkönig II 2, Urkundenbuch S. 85): Ende gheviclt dat een bastaart .... storve, die gheen hoir hadde ...., dat de scepenen ende corhers van dem Veurneambacht daer an hant slaēn ende mogent trecken te hem .... Brieler Rechtsbuch p. 178: Mar coemt nyemendt binnen jare ende daghe die hem als erfnaem die goede vermet, die rechter salre hant aen slaen. Auf den gleichen Ritus der Besitznahme deutet der verbreitete Ausdruck „in das Erbe tasten“ hin (mit einer Hand, mit zwei Händen in das Erbe tasten, Kraut § 146. 83). — Die Verbreitung der gerichtlichen Erbeinweisung im deutschen Mittelalter genauer als bisher geschehen, darzuthun, dürfte eine lohnende Aufgabe sein; dass sie in weitem Umfang Geltung gehabt haben muss, ist schon aus der späteren allgemeinen Anerkennung des Institutes des gerichtlichen Einsatzes zu entnehmen; Leist, Erläuterungen der Pandekten, Serie der Bücher 37 und 38, Th. I S. 21; Th. II S. 431; Unger, Verlassenschaftsabhandlung S. 20.

Aber auch da, wo nicht gerade an diese Arten der Besitzergreifung zu denken ist, wird nicht immer anzunehmen sein, dass die Besitznahme formlos vor sich gegangen sei. Ob für das Fahren des Erben zur Wittwe vor dem Dreissigsten (Ssp. I. 22 §. 1) ein bestimmter Ritus üblich gewesen, muss dahin gestellt bleiben, ich halte es für sehr wahrscheinlich, dass, wie in der Genter keure von 1228 c. 18 für einen ähnlichen Fall vorgeschrieben wird, mindestens eine Ziehung von Zeugen stattgefunden hat: Ille autem cui participatio accidit (de morte alicujus) ad domum . . . ire potest si velit cum uno viro hereditario et ibi sedere et cavere ne sibi quis injuriam faciat (Warnkönig, Flandr. Rechtsgesch. II. 2. Urkundenbuch S. 240). Wenn am Dreissigsten der Erbe den Alleinbesitz antritt, so setzt er der Wittwe, während sie sich in der Kirche befindet, Rocken und Stuhl vor die Thür, Gloss. Weichb. S. 279 Z. 2, S. 282 Z. 22.

Ob mit oder ohne bestimmte Form, jedenfalls war eine Besitznahme erforderlich, sowohl um dem Erben die Vortheile des Besitzes zu verschaffen, wie um ihn für die Nachlassschulden verantwortlich zu machen. Nur „wer das Erbe nimmt", haftet nach der bekannten Stelle des Sachsenspiegels für die Schulden des Erblassers, soweit das Erbe reicht an fahrender Habe. „Das Erbe nehmen" bedeutet aber nicht Erbe werden, sondern die Erbschaft in Besitz nehmen, ebenso wie erfname (vgl. Grimm, Wörterbuch v. Erbnehme, Erbnehmen), wo das Wort im eigentlichen Sinn gebraucht wird, nicht den Erben als solchen, sondern den Erben, der das Erbe in Besitz genommen hat, bezeichnet. Eine von selbst eintretende Haftung kennt das deutsche Recht ursprünglich wohl nur in Betreff derer, die in der Were versterben, d. i. insbesondere der Wittwe und der unabgeschichteten Kinder. Auch diese Personen aber trifft die Haftung nur, sofern sie Besitzer des Nachlasses geworden sind. Daher trat die Haftung nicht ein, wenn dieselben vor der Bahre aus dem Hause gingen und offenkundig machten, dass sie nichts von der Fahrniss mit sich genommen hatten. Denn so lange die Leiche noch nicht über die Schwelle getragen war, galt der Todte selbst noch als Besitzer des Sterbehauses und der Besitz desselben war noch nicht ledig geworden; oben S. 35. In diesem Fall hatten mithin die gedachten Personen den Besitz des Nachlasses überhaupt noch nicht erlangt. Hierin und nicht in einem beneficium abdicationis oder einem Verzicht auf die Illatenforderung, scheint mir die ursprüngliche Bedeutung des in ganz Deutschland verbreiteten, ebenso in den Niederlanden vorkommenden sog. Schlüssel oder Mantelrechtes zu liegen (vgl. über dasselbe neuestens Stobbe, Handbuch IV, S. 97 f.). Machte die Frau von demselben Gebrauch, so verlor sie allerdings auch den Anspruch auf die Illaten, aber nur deswegen, weil dieselben, insoweit Schuldenhaftung der Frau bestand, den Gläubigern gegenüber als zum Nachlass des Mannes gehörig betrachtet wurden. Zu bemerken ist übrigens, dass das gedachte Institut, wenngleich es naturgemäss vorzugsweise auf die überlebende Ehefrau Anwendung fand, doch von vorn herein nicht auf sie beschränkt war. Einen Beleg hierfür bieten die niederländischen Quellen, die dasselbe noch in späterer Zeit auch auf andere Erben für anwendbar erklären[43]).

Dass anevang und gerichtliche Erbeinweisung im

---

[43]) Brieler Rechtsbuch p. 177.

niederländisch-fränkischen und im sächsischen Recht im Wesentlichen auf denselben Grundlagen beruhen, braucht kaum hervorgehoben zu werden. Der Hauptunterschied dürfte darin bestehen, dass ersteres an ererbten Grundstücken durch Besitz von Jahr und Tag eine rechte Gewere entstehen lässt, während das sächsische Landrecht und das Magdeburger Recht auch nach Ablauf von Jahr und Tag dem Erben die Ansprüche auf die Nachlassgrundstücke gewähren, falls nicht inzwischen eine gerichtliche Vergabung stattgefunden hat und auf Grund derselben in der Hand des Dritterwerbers eine rechte Gewere begründet worden ist. Ein anderer weniger erheblicher Unterschied würde darin liegen, dass nach den mir zu Gebote stehenden Quellenstellen aus dem Gebiet des sächsischen Rechts das Verfahren mit anevang immer nur Behufs Einweisung in ein einzelnes Nachlassgrundstück angewendet wird, wogegen ich den im niederländischen Recht hauptsächlich hervortretenden anevang auf den ganzen Nachlass hier nicht zu belegen vermag. Indess bleibt es zweifelhaft, ob sich bei genauerer Nachforschung diese Lücke nicht würde ausfüllen lassen. Abgesehen von den hier hervorgehobenen Differenzpunkten dürfte grundsätzliche Uebereinstimmung vorhanden sein, besonders ist dies in Betreff des oben S. 35, 45 ff. Ausgeführten zu behaupten.

Hervorgehoben mag namentlich werden, dass auch die gerichtliche Erbtheilung, wie wir aus den Stadtbüchern wissen, in Deutschland sehr häufig vorkam. In welchem Mass man sich daran gewöhnt hatte, sie als die normale Art der Auseinandersetzung anzusehen, geht recht augenfällig aus einem im Stendaler Urtheilsbuch (II. 2) enthaltenen Spruch der Magdeburger Schöffen hervor, in welchem dieselben für nöthig finden, ausdrücklich zu erklären, dass man zur Erbtheilung weder der Schöffen noch der Rathmannen bedürfe, sondern dass die Leute, „wenn sie sich unter einander glauben“, sich auch privatim auseinandersetzen können. Amtliches Einschreiten in gewissen Fällen findet sich ebenfalls in Deutschland bereits frühzeitig, es gehört dahin namentlich die provisorische Beschlagnahme des erblosen Gutes[44]); ob aber das deutsche Mittelalter — vom Hofrecht abgesehen — auch Vorbilder für das neuerdings im österreichischen Recht[45]) verwirklichte höchste Mass richterlichen Eingreifens enthält, möchte zu bezweifeln sein.

Endlich ist noch an die bereits mehrfach betonte Bedeutung zu erinnern, welche die hier behandelten Institute für die Entwickelung des summarischen Processes und für die gemeinrechtliche Gestaltung des Interdictum quorum bonorum, sowie der sog. missio Hadriana haben (Briegleb, summarische Processe S. 218 ff.; Leist a. a. O. S. 357 f.). Auch nach dieser Richtung gewährt das niederländische Recht und die Krom'sche Schrift insbesondere mannigfache Belehrung.

---

[44]) Frühzeitige Spuren der Siegelung Homeyer Dreissigste S. 231.

[45]) Ueber die eigenthümliche Entwicklung des österreichischen Rechts vgl. ausser der bereits genannten Schrift von Unger noch Randa, Erwerb der Erbschaft, Wien 1867 und Graf Chorinsky, das Notariat und die Verlassenschaftsabhandlung in Oesterreich, Wien 1877.

Nachträge.

Zu S. 17. Der anevang ausserhalb der Gerichtsstätte ging bei Mobilien regelmässig dem Beginn der gerichtlichen Verhandlung vorauf; bisweilen war auch hierzu richterliche Ermächtigung und Mitwirkung von Gerichtspersonen nachzusuchen, J. A. Fruin in der Anm. 15 angef. Schrift; Nortier p. 26.

Zu S. 40. In den meisten holländischen Städten bestand bis in das 16. Jahrh. ein dem echten Ding entsprechendes, zu bestimmten Zeiten (in Leiden viermal, sonst meist dreimal jährlich) abgehaltenes Bürgerding (poortding), ausserdem fanden mehrmals wöchentlich Gerichtstage statt. Anevang und inleiding gehörten zur Zuständigkeit der letzteren, Nortier p. 36. Auf dem Lande sollte nach dem Eingang zu der S. 7 mitgetheilten Stelle in jedem Dorfe ein mit dem Schulzen und mindestens vier Heimbürgen zu besetzendes Dorfgericht vorhanden sein, vor welchem „alle erffenisse ende alle aenvangen“ gethan werden sollten; ausserdem sollte dasselbe für die Beaufsichtigung des „gemeinen Werks“ (Deiche, Wege u. s. w.) zuständig sein.

Zu S. 44. Einzelne niederländische Stadtrechte lassen, wie es scheint, zum Beweis der rechten Gewere nur Gerichtszeugniss zu und gelangen so mittelbar zu dem Erforderniss gerichtlicher Einweisung für die Entstehung derselben. Krom p. 32.

Buchdruckerei von Gustav Schade (Otto Francke) in Berlin N.

MIX
Papier | Fördert gute Waldnutzung
FSC® C083411

Kolibri 360 GmbH
Ferdinand-Jühlke-Straße 7
99095 Erfurt, Deutschland
produktsicherheit@kolibri360.de